Lo Scalping è divertente!

Parte 3: Come Valutare i Risultati del Trading?

Heikin Ashi Trader

Contenuto:

1. Il Diario di Trading come arma 1
2. Le prime 12 settimane di un nuovo Scalper 3

   Settimana 1 10

   Settimana 2 20

   Settimana 3 24

   Settimana 4 29

   Settimana 5 34

   Settimana 6 40

   Settimana 7 43

   Settimana 8 46

   Settimana 9 48

   Settimana 10 51

   Settimana 11 55

   Settimana 12 59

3. Cosa sta facendo ora Jenny? 62
4. Lo Scalping è un business 64

1. Il Diario di Trading come arma

Non esistono molte pubblicazioni sul money management, per non parlare di quelle indirizzati agli scalper. Pertanto, questo libro vuole colmare questa lacuna e contribuire ad una migliore comprensione di questo particolare stile di trading. Sono convinto che la gestione del denaro sottolinei la speciale posizione dello scalper nell'universo delle strategie di trading.

In questa terza parte della serie, "Lo Scalping è divertente!" voglio mostrarvi attraverso la curva di apprendimento di un solo operatore come il diario di trading e in particolare l'analisi statistica di questi dati, forniscano una base fondamentale per lo scalping. Gli scalpers, coloro i quali hanno a disposizione un'abbondante quantità di dati di trading, possiedono un netto vantaggio. I loro dati sono i più affidabili (i più vasti) quando si tratta di dover imparare velocemente ed efficacemente dagli errori e di superare la soglia della redditività. Da quel momento in poi, il diario di trading si trasforma in una potente arma con cui lo scalper agisce sui mercati. Grazie alla ricchezza di dati a disposizione sarà possibile operare con maggior fiducia. Lo scalper cresce insieme ai suoi dati. I suoi risultati più stabili generano fiducia. E dopo la fiducia, a loro volta, crescono risultati più stabili.

Soprattutto, lo scalper impara a comprendere meglio il suo trading. L'intuizione che il trading e lo scalping siano giochi di probabilità che egli possa padroneggiare cresce ogni singolo giorno di trading. Utilizzando l'esempio dei risultati di trading ottenuti da un unico scalper, voglio mostrarvi come questo approccio possa essere eccitante e alla fine redditizio. In quanto lettori, potrete sperimentare come un principiante diventi un trader più sicuro di sé nel corso di 3 mesi, e come egli sia sempre più consapevole delle potenzialità del proprio trading. Preparatevi ad un vero e proprio thriller finanziario. Ci siamo!

2. Le prime 12 settimane di un nuovo Scalper

I risultati di trading che leggerete ora provengono da una trader che ho accompagnato nel mio programma di mentoring per 3 mesi. Quest'operatrice esiste, non è una mia invenzione. I risultati di trading che leggerete sono esattamente quelli che ha ottenuto durante i suoi primi 3 mesi nel mercato azionario. Ho cambiato solo il suo nome per ragioni di discrezione, e mi riferisco a lei in questo libro semplicemente chiamandola "Jenny". Jenny mi ha permesso di pubblicare i suoi risultati.

Jenny aveva poca esperienza nel trading, ma è venuta a conoscenza della possibilità di guadagnare attraverso il mio primo libro della serie "Lo Scalping è divertente!" Era ansiosa e disposta ad imparare. Grazie a lei riconosceremo, basandoci sui suoi risultati, tutti gli errori classici che gli operatori fanno all'inizio delle loro curve di apprendimento. Sono grato a Jenny che mi ha fornito i suoi dati per questo libro. Naturalmente, la curva di apprendimento è diversa per ogni operatore. Ma i commenti successivi alle prime 12 settimane di trading di Jenny forse metteranno in chiaro che la curva di apprendimento può essere completata più rapidamente se si è seriamente coinvolti in un buon stile di trading, come lo scalping. È semplice: più trade si fanno, più velocemente si acquisisce esperienza.

Gli scalper subiscono sviluppi per i quali gli investitori ordinari a volte hanno bisogno di anni. Jenny ha eseguito circa 1.000 trade durante questo periodo. È chiaro che in questo modo ha avuto la possibilità di imparare a operare in modo rapido ed efficace, e lei ne ha approfittato. Per puntualizzare, Jenny fa scalping esclusivamente in valute. All'inizio si occupava di varie coppie di valute, ma, a poco a poco, ha compreso che sarebbe stato meglio specializzarsi in qualcosa. Questo è il risultato di una curva di apprendimento più rapida. Ad un certo punto ha quindi deciso di trattare solo la coppia EUR / USD. Certo, lei ha effettuato questa scelta a causa della buona liquidità e degli spread stretti di questa coppia di valute. Avrebbe potuto selezionare un'altra coppia come per esempio GBP / USD o USD / JPY, ma lei si è ovviamente sentita più a suo agio con l'euro. Ha scelto un forex broker professionale che le ha offerto un modello basato sulle commissioni. A differenza di molti altri forex broker, dove il cliente viene tassato "solo" dello spread, in questo caso avrebbe dovuto pagare una piccola commissione. In questo caso si tratta di 2,42 euro per operazione su ogni mini lotto ($ 10.000).

Pertanto, ha ottenuto ottime condizioni. Con il modello basato sullo spread si otterrà facilmente uno spread da 1 a 1,5 pips su EUR / USD. Con il modello basato su commissione, questo è spesso solo 0,2 o 0,4 pips (in media). Si tratta di un enorme vantaggio. L'euro devo solo spostarsi lievemente in suo favore e ci sarebbe già un buon profitto a disposizione. Ecco cosa conta veramente quando facciamo scalping.

Per quanto riguarda le commissioni, parliamo ancora dell'esatto importo pagato da Jenny. Nonostante le buone condizioni, non è stato certo economico. Naturalmente, si potrebbe obiettare che qui lo scalping non può essere redditizio in quanto le commissioni mangiano i profitti. Io non respingerei con leggerezza questa obiezione. E' un fattore che esiste. Uno scalper deve essere in grado di superare questo ostacolo. All'inizio, è senz'altro difficile pensare che sia possibile. Vedremo più spesso che, mentre Jenny è stata in grado di produrre un piccolo guadagno su base settimanale, non aveva comunque ottenuto nessun guadagno al netto delle commissioni. È stato il mio contributo che l'ha aiutata a superare questo periodo. Per coloro che riescono a realizzare un profitto dopo le commissioni, lo scalping può essere redditizio. Gli scalper sono in effetti tra i trader più pagati nel mercato azionario.

Pertanto, si può dire che l'aiuto di un buon coach sia molto importante nella fase di apprendimento. Potreste scoraggiarvi rapidamente se nessuno sarà al vostro fianco per mostrarvi la luce alla fine del tunnel. Mi sono quindi reso conto che il mio lavoro era quello di creare la più ampia base possibile per lo scalping di Jenny. Lei avrebbe poi beneficiato di questo più tardi con l'aumentare dell'esperienza. L'esperienza, ottenuta attraverso le azioni quotidiane, è ciò che conta davvero. Qualcuno una volta ha parlato di 10.000 ore necessarie non solo per apprendere le basilari capacità, ma anche per acquisirne una buona padronanza.

Guardiamo agli atleti con le loro prestazioni al top con ammirazione. Ascoltiamo incantati i pianisti suonare la Mazurca di Chopin. Però le svariate migliaia di esercizi che precedono queste prestazioni non le vediamo né sentiamo. Ebbene, il terzo libro della serie, "Lo scalping è divertente!" è composto da tutti questi esercizi di allenamento. Esamineremo i progressi di Jenny. Vedremo come ha cercato di diventare una scalper redditizia di settimana in settimana. Analizzeremo i suoi risultati settimanali e discuteremo le statistiche di questi dati. Quindi, spero che questo libro fornisca un buon contributo indirizzato ad una più profonda comprensione dello stile di trading univoco noto come scalping.

A causa della sua mancanza di esperienza, Jenny non aveva regole nella configurazione della sua posizione iniziale. Tendeva a cambiare costantemente, spesso durante la stessa giornata. Pertanto, non includeremo le dimensioni della posizione in questa discussione, sebbene sia chiaro che una saggia posizione algoritmica possa e debba svolgere un ruolo importante nel cammino verso il successo. Per semplicità, agiremo sul presupposto di una posizione di $ 10.000 per un periodo di 3 mesi. Ciò che conta è il numero di pips che Jenny ha realizzato per trade. Da questi dati, vogliamo imparare e comprendere le regole per il money management di uno scalper. Spero che l'argomento, che può sembrare "arido" o "noioso", possa essere invece eccitante. Ultimo, ma non meno importante, mi auguro che una più profonda comprensione di questo argomento vi aiuti a capire ciò che conta nel trading e nello scalping.

Settimana 1

Figura 1: i trade di Jenny, Settimana 1

						total
Monday	2,5	2,5	1			6
Tuesday	3,8	-7,6	4	1	1	2,2
Wedn.	-10	13	-10	18	5	19
	-25	18	10			
Thursd.	5	3	0,5	3,7	3	-2,8
	-8	-10	-10	10	-2,8	
Friday	8,4	-5	3	-4	-12	
	-9,6					-9,6
week 1						14,8

Jenny ha effettuato 31 trade con lo scalping nella sua prima settimana. I dati nella tabella rappresentano il numero di pips che stava segnando, plus e minus. Durante la prima settimana, ha utilizzato uno stop loss fisso di 10 pips. Possiamo notarlo grazie al numero di trade in perdita terminati a -10. In questi casi, i trade sono stati chiusi dal sistema e non di sua iniziativa. Questo è stato, per esempio, il caso delle perdite di -4 o -5. Tuttavia, vediamo anche che due trade in perdita erano maggiori dei 10 pips fissate, ad esempio quello di Mercoledì con una perdita di 25 pips e quello di Venerdì, con una perdita di 12 pips. La perdita del Venerdì è dovuta allo slippage. Come slippage, consideriamo la differenza tra il prezzo che si desidera ottenere e dove siete stati veramente eseguiti. Questo accade con ordini stop-loss più frequentemente di quanto ci si potrebbe aspettare, soprattutto perché questi ordini sono, infatti, gli ordini di mercato.

Lo scalper vuole che la sua posizione si chiuda non appena si raggiunge un certo prezzo. Questo viene fatto "al meglio" e l'operatore si prende quindi il rischio di dover accettare lo slippage. Accade spesso quando si verificano movimenti rapidi contro la posizione del trader. Lo slippage è parte di esso, ed è un segnale che lo scalper agisce in un mercato vero e proprio. Ciò significa che esistono controparti reali per i suoi trade, come banche, hedge fund o semplicemente altri operatori. Tuttavia, di solito si tratta di un segnale che non si sta lottando contro un market maker. Pertanto, lo slippage è uno dei costi della struttura di scalping e deve essere considerato come tale. Non ho avuto nessun problema con la perdita di Venerdì di -12 nel mio incontro con Jenny. In discussione invece è stata la perdita di 25 pips del Mercoledì. Come è potuto accadere? Non è stato chiaramente il risultato dello slippage, ma il più grande dei peccati di trading: Jenny aveva spostato lo stop.

Fortunatamente, Jenny è stata comprensiva. Ha capito subito che questo comportamento avrebbe solo potuto nuocerle se ci avesse fatto l'abitudine. Se avesse lasciato lo stop a -10, i guadagni della settimana non sarebbero stati di 14,8 ma di ben 30 pips. Qui si può vedere come un errore possa essere negativo ed influenzare i risultati settimanali. Tuttavia, il piccolo guadagno non era poi così male per una principiante. Tuttavia, è stata una gran bella cosa? Diamo uno sguardo all'analisi statistica di questa prima settimana.

Figura 2: le statistiche di Jenny, Settimana 1

trading statistics	week 1
total trades	32
win	20
loss	12
break-even	0
average win	5,82
average loss	9,5
hitrate	62,50%
payoff-ratio	0,61
expectancy	0,15

Ad una prima occhiata, questi risultati sembrano buoni. Jenny era in grado di ottenere un profitto da 20 trade su 31. Solo 11 trade si sono conclusi in perdita. Il termine utilizzato nel trading è il "tasso di successo" ed in questo caso era il 62,50% nella prima settimana. Ben fatto, si potrebbe pensare. Tuttavia, guardiamo più da vicino. Quanto ha ottenuto Jenny da un trade chiuso in positivo? Il suo guadagno medio era rappresentato da 5,82 pips. Il numero che si ottiene quando si aggiungono tutti i pips guadagnati e diviso per il numero di trade vinti, vale a dire 20. Alcuni trade vincitori hanno ottenuto più di 5,82 pips alcuni meno, ma in media, il suo profitto in quella prima settimana era di 5,82 pips.

Qual è invece la prospettiva dal punto di vista dei trade perdenti? Notiamo che la perdita media era molto più alta, vale a dire 9,5 pips. Ciò significa che quando Jenny perde, perde quasi il doppio di quando vince. Come vedete, è una situazione un po' meno glamour... Come avrebbe potuto quindi generare un utile netto di 14,8 pips nella settimana? Ciò è naturalmente dovuto al tasso di successo relativamente alto del 62,50%. Si può ridurre il trading in questo modo a semplice matematica. Nel meeting di Venerdì abbiamo parlato dell'elevata perdita media. Da un lato, ovviamente, la perdita di 25 pips del Mercoledì è stata parzialmente responsabile delle elevate perdite medie. Tuttavia, non in maniera esclusiva. Se la perdita media è stata di 9,5 pips e lo stop loss pari a 10 pips, Jenny ha cercato scarsamente di limitare almeno alcuni dei suoi trade perdenti. Lo ha capito subito, in quanto questa figura poteva migliorare solo se fosse stata in grado di chiudere le sue posizioni perdenti rapidamente.

Diamo uno sguardo al profitto medio. È possibile migliorarlo? Qui Jenny è stata fortunata. Ha ammesso candidamente che aveva spesso chiuso il trade con due o tre pips di profitto, anche se avrebbe potuto ottenere molto di più. Ha affermato chiaramente che preferiva ottenere questo piccolo profitto invece di rischiare di perdere nuovamente anche quel piccolo guadagno. Comprensibile, ovviamente, ma questo comportamento viola la seconda parte della regola d'oro del trading: tagliare le perdite, e lasciar correre i profitti. Con questo atteggiamento, lei non ha lasciato correre i suoi profitti. Purtroppo Jenny non è la sola ad adottare questo comportamento distruttivo: l'ho osservato in realtà anche in molti principianti. Essi sono erroneamente convinti che il tasso di successo (cioè il numero dei vincitori) sia fondamentale per il successo nel trading. Chiaramente i numeri dimostrano che questo non succede. Jenny aveva "salvato" il suo tasso di successo per questa settimana. Dopo tutto, aveva un piccolo utile di 14,8 pips. Dopo la deduzione delle commissioni di 113.02 euro, il risultato netto di questa settimana era comunque purtroppo negativo: -42,17 Euro.

Pertanto, a dispetto di un alto tasso di successo del 62,50% ha avuto 42,17 euro in meno sul conto! Grazie a Dio, se n'è resa conto e ha capito che la sua propensione ad ottenere dei micro profitti non l'avrebbe condotta al successo. I suoi singoli guadagni avrebbero dovuto essere maggiori e le perdite individuali più piccole. Il rapporto tra guadagno medio e perdita media è espresso nelle nostre statistiche come **rapporto di Payoff**. Obiettivo di ogni trader dovrebbe essere quello di aumentare il rapporto di profitto, in quanto esso esprime la redditività molto meglio del tasso di successo. Ecco la formula:

Rapporto di Payoff = (Guadagno medio) / (Perdita media)

Guardiamo ora i numeri di Jenny.

Rapporto di Payoff di Jenny: (5,82) / (9,5) = 0,61

Sebbene Jenny abbia solo bisogno di ottenere altri due guadagni per compensare la perdita, con questo rapporto di Payoff sarebbe andata in rovina lentamente ma inesorabilmente. Nella prima settimana, si era salvata grazie al buon tasso di successo, ma non c'erano garanzie che avrebbe potuto ripeterlo di settimana in settimana. La probabilità tende a zero. In altre parole, il lavoro delle prossime settimane e mesi consisterebbe nel tentativo di aumentare il rapporto di Payoff. Solo se questo numero fosse stabile sopra ad uno, ci potrebbe essere una possibilità di diventare un trader dal buon profitto. Supponendo che il tasso di successo rimanesse superiore al 50%, ovviamente.

Ora, possiamo vedere un ultimo numero fra le statistiche di Jenny: l'**Aspettativa**. L'Aspettativa di Trading è rappresentata dal guadagno medio (o dalla perdita) che il trader può aspettarsi per trade, basandosi sui propri dati storici. Per calcolare l'Aspettativa, abbiamo bisogno di tre numeri: il tasso di successo, il guadagno medio e la perdita media. La formula è la seguente:

Aspettativa:

(Probabilità di Guadagno * Guadagno Medio) - (Probabilità di Perdita * Perdita Media)

Jenny ha avuto un tasso di successo del 62,50% nella prima settimana. Il profitto medio è stato di 5,82 pips. La perdita media è stata di 9,5 pips. Possiamo ora calcolare la sua Aspettativa:

(0,63 * 5,82) - (0,37 * 9,5) = 0,15

In altre parole, sulla base dei suoi recenti risultati, Jenny può aspettarsi un profitto medio di 0,15 pips per trade. Se ci ricordiamo che si tratta di un modello basato sulle commissioni, in cui si ottiene uno spread in EUR / USD di 0,2 a 0,4 pips, diventa chiaro che Jenny non ha ancora un sistema redditizio, anche se il suo tasso di successo lo suggeriva inizialmente. Jenny non ha nemmeno subito lo spread EUR / USD, e non ha ancora pagato le commissioni.

Dopo la prima settimana, si percepiva chiaramente che c'era molto lavoro da fare. Il vero significato di questi numeri in tutte le loro dimensioni sarebbe diventato chiaro solo nel corso delle prossime settimane. Questo è ciò che tratta questo libro.

Settimana 2

Figura 3: i trade di Jenny, Settimana 2

								Total
Monday	-7	5,2	2,6	2,7	-10	2,3	-1	-5,2
Tuesday	-9,3	4,7	4	3,1	1,5			4
Wedn.	3,4	1,6	0,7	5,7	5,4			16,8
Thurs.	-10	-5,7	11,4	3,6	-5,1	4,2	2,9	-17,1
	3,1	3,1	-6,2	3,1	-6,2	-8	-6	
	-8	-3	1,7	4	2,1	5,3	-3,4	
Friday	3,3	-5,3	-4,2					-6,2
week 2								-7,7

Nella seconda settimana, Jenny ha fatto 41 trade, un po' di più rispetto alla prima settimana. Mi ha fatto piacere notare che non abbia sostenuto perdite importanti. A partire da Giovedi, ha deciso di rischiare solo otto pips per trade invece di 10. L'abbiamo poi vista emergere due volte a -8 nella tabella. Questo è positivo perché dimostra che Jenny inizia a lavorare "a sua difesa" e inizia a comprendere che è importante limitare le perdite per quanto possibile. Nel suo caso è assolutamente necessario, perché dalla parte dei vincitori, vediamo ancora una volta molti trade vincenti ma per la stragrande maggioranza di valore alquanto esiguo. A quanto pare, Jenny non riusciva a cambiare la sua tendenza a chiudere la posizione all'ottenimento di un piccolo profitto. Questo comportamento l'ha condotta alla chiusura della settimana con una piccola perdita di 7,7 pips. Niente di drammatico, si può ancora definire una normale settimana di trading, se non fosse per i piccoli guadagni. Durante il meeting settimanale ha ammesso di accontentarsi di un guadagno di uno o due pips, purché fossero trade vincenti. Noi riteniamo positivo che almeno abbia mantenuto le perdite ad un valore inferiore.

Figura 4: le statistiche di Jenny, settimana 2

trading statistics	week 2
total trades	41
win	25
loss	16
break-even	0
average win	3,63
average loss	4,78
hitrate	61,00%
payoff-ratio	0,76
expectancy	0,43

Guardiamo i dati della seconda settimana. Jenny ha eseguito 41 trade. 25 di loro erano vincenti, cioè con un tasso di successo del 61%. Questo differisce solo leggermente dal tasso di successo precedente e illustra il bisogno di Jenny di "ottenere dei guadagni". Ci è dispiaciuto costatare che il profitto medio nella seconda settimana è sceso, arrivando a 3,63 pips. Dal punto di vista economico, tuttavia, la situazione sembra migliorata. Il numero è sceso, la perdita media è stata di 4,78 pips questa volta. Poiché la perdita è ancora maggiore del guadagno, il rapporto di Payoff è ovviamente ancora debole. È un po' meglio rispetto alla settimana prima, ma con 0,76 è ancora sotto uno. La strategia ha quindi ancora una bassa redditività. La probabilità di incappare in una grossa perdita è ancora reale. Tuttavia, l'aspettativa è migliorata. Questa volta poteva aspettarsi 0,43 pips per trade. Anche se non è ancora molto, è chiaramente meglio di 0,2. Espresso in euro, ha realizzato una perdita di 7,25 euro per la settimana. Le commissioni le sono costate 106,36 euro. Ciò si è tradotto in una perdita totale di 113,61 euro.

Settimana 3

Figura 5: i trade di Jenny, Settimana 3

								total
Monday	-4,9	4,9	-5,9	-7,5	6,5	5,5	-6,2	-29,1
	-2,4	6	5,1	-8,4	4,9	-5,3	-5,1	
	5,2	-5,8	-10	-11,2	-10,2	7,3	8,4	
Tuesday	-2,4	-5,4	3,4	5,8	5,7	-0,7	3,3	49,5
	4,1	10,2	5,4	12,5	3,3	4,3		
Wedn.	5,8	4,9	3,5	4,9	4	-4	7,1	26,2
Thursd.	6,9	2,6	2,1	11,4	7,3	2,3	2,8	72,6
	9,5	1,3	4	2,5	3,7	1,9	1,9	
	-3	-1,7	4,5	-4,9	6	1,3	3,2	
	1,7	4	1,3					
Friday	2	2,1	2,5	4,5	12,5	2,6	3,5	32,2
	2,5							
week 3								151,4

Jenny è stata attiva nella terza settimana, in particolare il Giovedì, effettuando 24 trade. Sorprendentemente ci sono stati tanti vincitori e pochi vinti. Il trade a -11,2 del Lunedì è stato ancora una volta una conseguenza dello slippage. Il risultato, con 151,4 pips è ovviamente stato eccellente. Tuttavia, dobbiamo affermare che la stragrande maggioranza delle vincite rimangono piccole. Jenny ha confermato durante la riunione di voler soprattutto evitare di perdere i trade. In altre parole, ha giocato a "non perdere" invece di giocare per vincere. In una settimana positiva come questa, sarebbe potuto uscire un buon risultato. In cattive settimane con più bassi tassi di successo, la somma dei vincitori non è in grado di superare la somma dei perdenti. Quindi, il risultato settimanale è negativo.

Figura 6: le statistiche di Jenny, Settimana 3

trading statistics	week 3
total trades	73
win	54
loss	19
break-even	0
average win	5,1
average loss	3,39
hitrate	73,24%
payoff-ratio	1,5
expectancy	3,27

Inoltre, sì, a prima vista, le cifre sembravano buone. Per la prima volta, la vittoria media era nettamente superiore alla perdita media. Il rapporto di payoff era pertanto significativamente maggiore di uno. Tuttavia, questo buon risultato è stato conseguito principalmente grazie all'elevato tasso di successo del 73,24%. Qui vediamo un chiaro modello: Jenny è essenzialmente una persona che non vuole perdere. Preferisce comunque un mini profitto di uno o due pips piuttosto che la possibilità di raggiungere mediamente alti profitti, con il rischio di avere un paio di trade perdenti.

Le ho fatto notare ogni settimana che stava cercando di raggiungere il suo risultato netto soprattutto con il tasso di successo. La maggior parte dei principianti hanno questo problema. Pensano che un alto tasso di successo equivalga ad un alto profitto. Che questo comportamento, alla fine, non produca il risultato desiderato, non era forse ancora chiaro dopo la terza settimana. La critica da parte mia potrebbe sembrare un po' dura, visto che Jenny aveva lavorato con disciplina per due settimane raggiungendo l'ottimo risultato di 151 pips. Tuttavia, grazie alla mia esperienza, so che se un trader non è in grado di superare un modello di comportamento specifico, esso lo condurrà inevitabilmente a risultati molto negativi.

Inoltre, Jenny aveva generato varie commissioni con i mini-profitti di uno o due pips. Naturalmente, in questo modo ha reso il suo broker ricco e felice. Avrebbe potuto guadagnare 153,55 euro nella terza settimana, ma le sue commissioni ammontavano a 113,77 euro. Il risultato netto della settimana è stato quindi di 39,78 euro. Pare un po' poco se si considera che aveva guadagnato almeno 151 pips. Questo è dovuto al fatto che aveva fatto scalping il Lunedi con una posizione di $ 30.000. Purtroppo, Lunedi è stato il suo unico giorno di perdita. A partire da Martedì ha operato solo con $ 10.000.

Settimana 4

Figura 7: i trade di Jenny, Settimana 4

								Total
Monday	5,6	7,3						12,9
Tuesday	-1,8							-1,8
Wedn.	3,6	3	-8,4	0,9	-6,2	9,2	1,3	33,15
	-9,7	6,6	5,25	1,8	6,7	8,2	-5,4	
	6,3	-4,8	6,3	4,9	3,6			
Thursd.	3,2	-10	8,3	4,5	3,5	-11	-11,3	-30,1
	2,7	3	-12,5	6,3	16,3	3,6	0,8	
	-9,7	-10,6	-11,7	6,3	-6,4	-7,7	-4,2	
	3,8	-7,8	-7,7	4,4	3,2	2,7	4,9	
	3,9	8	3,2	3	-14,5	2,7	-3,3	
Friday	-9	-9	-8	1,8	2,66	3,3	5,8	22,66
	3,7	11	5	3,8	3	2,4	3,3	
	-5,7	8,6						
week 4								36,81

Arrivata alla sua quarta settimana, Jenny ha effettuato 73 trade. Tuttavia, fra Lunedi e Martedì ha operato con molta tranquillità, mentre ha spinto sul gas Mercoledì e Giovedi. Da Lunedi a Giovedi ha fatto scalping con 10.000 $ e dopo la perdita di Giovedì, si è ritrovata il Venerdì solo con una mini posizione di $ 5000. Questo ha pesato sul risultato netto, naturalmente.

Vorrei definire la quarta settimana come una tipica settimana di consolidamento. Ogni attività di trading ha bisogno di queste settimane. Le competenze devono essere ulteriormente migliorate, anche senza grandi risultati, ma è molto importante perché solo dopo alcune centinaia di trade lo scalper sviluppa a poco a poco la fiducia nelle proprie capacità. Quando redige il proprio diario di trading basandosi sul suo lavoro, incrementa la fiducia in sé stesso e stabilizza i risultati.

Figura 8: le statistiche di Jenny, Settimana 4

trading statistics	week 4
total trades	73
win	49
loss	24
break-even	0
average win	4,1
average loss	5,16
hitrate	67,12%
payoff-ratio	0,79
expectancy	0,55

Quando ho verificato le statistiche di Jenny per la quarta settimana, ho trovato la conferma alla mia critica della settimana precedente. Anche se il tasso di successo era stato quasi identico (leggermente più debole) il rapporto di payoff non sembrava così buono. L'aspettativa era di 0,55, ancora ben al di sotto di un pip. Jenny poteva fare ciò che desiderava, ma se non fosse riuscita definitivamente a superare i suoi modelli di comportamento, avrebbe trovato difficile ottenere un vantaggio costante. Buone settimane come la terza sono quindi risultati abbastanza casuali, non il risultato delle proprie capacità. Questo è chiaramente testimoniato dai numeri.

Con le prime 4 settimane e il primo mese, siamo stati in grado di fare un primo bilancio. Nonostante le mie perplessità, ho fatto i complimenti a Jenny perché era già in grado di fare scalping quanto una principiante. Questo stile le si addiceva, ovviamente. Aveva imparato presto che era importante limitare le perdite. A quel tempo, il suo stop prefissato era ancora di nove pips. Mi sembrava un po' alto, ma al briefing, Jenny ha difeso questa decisione a causa della volatilità di EUR / USD. Aveva notato che molte candele nel grafico a 1 minuto mostravano molto più di nove pips di volatilità. Sapevo che questo sarebbe stato motivo di discussione, in futuro, ma nel frattempo Jenny avrebbe continuato a fare scalping con questo stop.

Nel primo mese aveva effettuato 234 trade con lo scalping e guadagnato 205,7 pips. É notevole per un principiante, tuttavia, le commissioni erano ancora troppo alte. Il risultato netto di -137.58 euro restava nei limiti. Tutto sommato poteva andare bene comunque, perché si è dimostrato non essere troppo lontano dalla redditività. Un risultato leggermente migliore, in alcuni importanti indicatori come il rapporto di payoff avrebbe fatto affluire un sacco di soldi sul suo conto. Non dimentichiamo che nella fase iniziale Jenny operava ancora con piccole posizioni. Grazie ad uno stop di nove pips ed una posizione di $ 10.000, Jenny aveva rischiato solo 9 $ per trade. Questa era solo una frazione del suo capitale disponibile. È stato prima necessario imparare a dominare il gioco. Le grandi posizioni sarebbero state un problema solo più avanti.

Settimana 5

Figura 9: i trade di Jenny. Settimana 5

								total
Monday	-3,5	2,8						-0,7
Tuesday	2,8	8,2						11
Wedn.	-4,6	-9,4	-9,4	-4,3	3,5	1	3,1	38,5
	7,4	9,6	**19,2**	0,7	2,4	4,3	7,2	
	4	3,3	6,4	3,7	9,7	-20,5	1,2	
Thursd.	4,7	-1,6	2	2,4	-6,4	-7,3	-9,9	-141
	3,2	7,7	7,4	-4,1	2,8	4	-1,7	
	-41	-21	-37	-32	-17	-13	-16	
	-9	-9	5	12	3,5	8	-4,5	
	10	18	1	-1	4	-5		
Friday	4,6	10	9	2	5	-10	5,5	-9,4
	1,5	-21,5	5	-13	4	-9	4	
	9	11	2,6	-9	8	7	-19	
	-8	7	13	-18	-9	-11	3	
	-11	-10	-12	5	-9	-8	5	
	-10	-9	-8	5	7	11	11	
	6	6	-3	-3	10	1,5	8	
	-1,6	6	2	-3	-3	-9	4	
	1,5	-9	1,5	-10	-6	-5	-6	
	9	2	-3	6	17	-6	6	
	-6	1	6	1	5	5	6	
	4	4	3	1,5	-13	3,5		
week 5								-101

La quinta settimana di Jenny ha mostrato qualcosa che accade anche a molti operatori esperti: una ricaduta nelle vecchie, cattive abitudini. Il cervello umano è una cosa meravigliosa. Anche se l'osservatore potrebbe avere l'impressione che Jenny avesse disciplinatamente trasportato i propri obiettivi nelle ultime settimane, era successo qualcosa in questa settimana che non doveva essere consentito. E ha causato danni. Lunedi e Martedì, Jenny non ha fatto quasi nessuno scalping. Mercoledì è stata un po' più attiva. Sembrava una giornata molto buona, perché verso la fine della sua giornata di trading si trovava vicino a 60 pips! Poi è successo (freccia rossa)… Forse perché aveva fatto scalping molto bene ed aveva ottenuto un po' troppo? Oppure ha avuto semplicemente un black-out? In ogni caso, improvvisamente, si era manifestata una perdita di 20,5 pips. Quindi, 11 pips più di quanto consentito. Jenny ha avuto almeno la presenza di spirito di smettere di fare scalping. E 38.5 pips di profitto per la giornata sono rimaste.

Pertanto, oltre a questa scivolata, tutto sembrava a posto.

Giovedi era iniziato senza risultati notevoli. Dopo 14 trade, Jenny aveva un profitto di 3,2 pips. Non era qualcosa di cui preoccuparsi. Era forse impaziente, frustrata o era l'impatto negativo della disavventura del giorno prima che ancora si trascinava? In ogni caso, Jenny era riuscita ad andare in perdita di 177 pips nei sette trade seguenti. Una vera prodezza! La perdita più grande è stata pari alla prima, 41 pips. Presumibilmente, avrà provato una sorta di disperazione per compensare la perdita. Tuttavia, questi 13 trade le avevano portato poco. Come avrebbero potuto altrimenti? La disciplina era sparita e il rispetto per la costruzione di settimane di lavoro risultavano distrutti in poco tempo. Com'era potuto accadere?

Si tratta di un fenomeno che conosco molto bene io stesso, e so che molti colleghi ci sono passati. Si agisce contro la ragione e si distrugge il proprio lavoro. Se Jenny avesse lasciato gli stop costantemente a nove pips, avrebbe subito solo una perdita di 63 pips. Come possiamo vedere, aveva subito invece 10 perdite in sequenza. Questo appartiene statisticamente alle possibilità. Il mio record è stato di 15!

Se avesse operato in modo coerente, allora avremmo parlato semplicemente di una brutta giornata. Invece, in questo modo ha distrutto i suoi guadagni settimanali. Molto peggio però è stato il fatto che tale comportamento avrebbe potuto compromettere la sicurezza di un operatore per lungo tempo. Questo risultato è, ovviamente, molto più grave. Se fosse passata attraverso questo periodo coraggiosamente e con disciplina, sarebbe emersa una perdita di 70 pips al giorno. Con i guadagni del giorno precedente, si sarebbe trovata Giovedi con -20 pips. Magari, con un po' di fortuna Venerdì avrebbe ancora potuto essere un giorno positivo. Purtroppo, Jenny ha cercato di compensare le sue perdite il venerdì effettuando 83 trade, che non l'hanno aiutata:

tutti quelle operazioni infatti hanno prodotto solo commissioni. È anche interessante vedere come una scivolata apparentemente innocua il Mercoledì (freccia rossa) si era inserita in una spirale completamente negativa. Si poteva solo sperare che arrivasse presto il Venerdì e quindi il fine settimana per tornare sui suoi passi.

Figura 10: le statistiche di Jenny, Settimana 5

trading statistics	week 5
total trades	142
win	84
loss	58
break-even	0
average win	5,2
average loss	6,91
hitrate	66,00%
payoff-ratio	0,75
expectancy	1,08

Vediamo le statistiche di Jenny: si può notare che non esiste nessun motivo di eccitazione. Il tasso di successo era stabile tra il 60 e il 70%. Solo la sua perdita media ha sofferto molto durante questo giorno negativo. Tutto sarebbe rimasto nella norma se Jenny non avesse cambiato i suoi stop. Anche se i guadagni erano ancora troppo piccoli, Jenny operava ancora in modo da "non andare in perdita" invece di comportarsi come se volesse vincere, ma i danni sarebbero stati limitati. Inutile dire che considerata in euro, la settimana era naturalmente andata male. Oltre alle alte commissioni di 194,35 euro, c'erano anche 132,01 euro di perdita da contare. Nel complesso, un saldo negativo di euro 326,36.

Settimana 6

Figura 11: i trade di Jenny, Settimana 6

								Total
Monday	2,5	-5,2	-9,3	3,1	1,1			-7,8
Tuesday	2,4	1,8	6	-2,4	4,8	-3,9	1,3	8,9
	-1,1							
Wedn.	-8,5	-10,5	2,8	4,5	-2,6	-4,9	-1,5	9,6
	10,3	-6,5	-8,9	-5,3	4,8	6,4	5,7	
	3,5	2,6	7,1	1,7	4,7	-5,2	-8,6	
	3,2	-7,3	5,1	9,2	1,6	4,2	2	
Thursd.	-3	-8,5	4,5	4,2	1,6	-3,2	5,9	-6,7
	-20,7	3,7	3,8	2,6	2	-8,7	3,1	
	3,8	-7,9	4,6	-5,4	3,6	3,5	-7,6	
	-8,2	-7,1	-7,2	3,8	3,9	-4,3	-7,4	
	4,7	16	-3,7	8,7	-2,7	4,5	3,6	
	4,2	2,6						
Friday	5,7	2,5	5,3	2,3	-3,4	3,5	-7,5	20,3
	1,6	5,5	1,1					
	3,7							
week 6								24,3

Dopo la sua scarsa settimana precedente, è stato ovviamente emozionante vedere come avrebbe fatto Jenny a far fronte a questa ricaduta. Se si guardano i risultati della sesta settimana, si può vedere che Jenny ha operato in modo da "tornare agli affari". I numeri erano di nuovo normali, tranne che per uno slippage il Giovedì (-20,7 in rosso). Tuttavia, questo è accaduto perché aveva dimenticato di mettere lo stop loss. Può sempre succedere nella vita di un operatore. Insomma, i guadagni erano ancora troppo piccoli, ma almeno Jenny cominciava a difendersi.

Figura 12: le statistiche di Jenny, Settimana 6

trading statistics	week 6
total trades	89
win	56
loss	33
break-even	0
average win	3,41
average loss	5,1
hitrate	62,92%
payoff-ratio	0,66
expectancy	0,21

Le statistiche mostrano la coerenza con cui Jenny esegue i suoi trade, raggiungendo un tasso di successo tra il 60 e il 70%. Con una perdita media di 5,1 si può convivere molto bene, soprattutto avendo iniziato da questa settimana a lavorare con uno stop loss di otto pips. Otto pips mi sembravano ancora molto per uno scalper, ma questa è stata la sua decisione. Poiché le vincite erano state significativamente inferiori rispetto alle perdite, il rapporto di payoff è rimasto basso per tutta la settimana, così come l'aspettativa. Giovedì si era verificata una vincita di 16 pips: io le ho chiesto naturalmente come questo fosse avvenuto, e se fosse stato possibile ottenere più vincite del genere. Ciò avrebbe migliorato in modo significativo il suo rapporto di payoff. Almeno, aveva ottenuto 24 pips durante la settimana, che rappresentano un guadagno di 76,29 euro. I suoi trade avevano però generato 166,38 euro di commissioni. La settimana si è quindi conclusa con una perdita di 90,09 euro.

Settimana 7

Figura 13: i trade di Jenny, Settimana 7

								Total
Monday	-6	-6,4	11,3	-6,2	-5,7	-6,3	-7,1	⬇ -17,8
	1,9	6,7						
Tuesday	-3,6	6,9	-3,2	3,8	1,8	1,9	-3,9	⬆ 13,6
	-3,6	2,1	1,5	3,9	1,8	4,2		
Wedn.	-6,4	-3,1	-11,8	8,3	4,8	-4,3	-6	⬆ 19,1
	-1,7	-3,7	13,4	4,2	3,7	2,5	1,9	
	-6,3	4,2	7,7	4,6	-6,2	10,6	-6,4	
	5,5	3,6						
Thursd.	-3,6	-6,1	-4,6	-3,9	-4,6	-6,2	5,7	⬇ -14
	4,1	2,3	-6,7	3,7	-6,7	3,4	-6,2	
	-6,7	-7,4	-6	-6,1	-7,5	-5,6	-7,5	
	12,6	4,5	-6,3	13,3	2,5	8	15,7	
	15,4	-2,4	-4	2,5	7,4	14	-6,6	
	-6,6	2	-6,9	-6,1	4,6	4,6	-6	
	3,9							
Friday	6,6	-6,2	3,1	1,8	-6,1	-6,4	-2,7	⬆ 12,1
	8,3	6,9	6,8					
week 7								⬆ 13

Durante la settima settimana, Jenny ha fatto 97 trade. Come sempre, la maggior parte sono stati effettuati di Mercoledì e Giovedì. Ho contato sei trade superiori a 10 pips, e in questo modo è riuscita a realizzare alcuni profitti più grandi. Ogni trader ha le sue difficoltà: la sua era la paura di perdere, che la portava alla chiusura immediata delle sue posizioni al minimo raggiungimento di profitto. Sapevo che sarebbe stata una trader profittevole, se fosse stata in grado di risolvere questo problema.

Figura 14: le statistiche di Jenny, Settimana 7

trading statistics	week 7
total trades	97
win	50
loss	48
break-even	0
average win	5,59
average loss	5,28
hitrate	51,02%
payoff-ratio	1,05
expectancy	0,2

Il trend positivo si rifletteva anche nelle sue figure. Vediamo che il guadagno medio (5,59) era leggermente al di sopra della perdita media (5,28). Nel tentativo di ottenere maggiori profitti, il tasso di successo era sceso come previsto al 51,02%. Per me questo era logico. Questo tasso di successo basso non deve necessariamente rimanere invariato, ma se si investe un sacco di energia per imparare qualcosa di nuovo, spesso si devono accettare le perdite da un'altra parte. Questo spiega l'aspettativa ancora debole. Il rapporto di payoff era finalmente superiore a uno. Jenny aveva ottenuto 13 pips in una settimana, cioè un utile di 46,00 Euro (le sue dimensioni di posizione erano tra $ 15.000 e $ 30.000). Dopo le commissioni (220 euro), una perdita di 174,00 euro era inevitabile.

Settimana 8

Figura 15: i trade di Jenny, Settimana 8

								total
Monday	-2,2	7,4	-1,2	-3,3	-6	-3,5		⇨ -3,1
	7,2	-1,5						
Tuesday	1,9	4,4	1,7	-1,4	-6,5	2,6	1,9	⇨ -1,3
	-1,8	1,3	-3,6	-1,8				
Wedn.	-3,5	-3,1	-1,3	-2,9	-3,3	-2,3	-4,4	⇩ -38,55
	-6,3	-7,25	-6	3,5	-1,7			
Thursd.	-4,5	-4,1	-3	7	3,9	4,2	-0,5	⇧ 35,2
	7,8	2,4	-2,9	2,3	-2,8	-4,9	6,5	
	-3,5	1,7	2	3,2	2,5	6,4	5,2	
	2,1	3,4	2,2	-5,2	1,5	2,3		
Friday	-6,9	-6,1	11,6	2,5	-2,4	1,8	-6,8	⇩ -18,2
	-3,7	-8,2						
week 8								⇩ -25,95

Nella sua ottava settimana, Jenny ha fatto 64 trade. Alla fine della settimana, ciò ha comportato una perdita di circa 26 pips, dovuta nuovamente al fatto che aveva profitti appena più grandi. L'andamento della settimana precedente non si era ripetuto. Tuttavia, si poteva notare qualcosa di positivo. Jenny aveva lavorato a partire da questa settimana con uno stop di soli sei pips. Ho interpretato questo comportamento come un passo in avanti e l'ho elogiata per questo. Guardiamo come ha influito sulle sue statistiche.

Figura 16: le statistiche di Jenny, Settimana 8

trading statistics	week 8
total trades	64
win	30
loss	34
break-even	0
average win	4,42
average loss	3,68
hitrate	47,00%
payoff-ratio	1,2
expectancy	0,12

Le sue figure lo mostrano chiaramente. La vittoria media è stata superiore alla perdita media. Il rapporto di payoff era rimasto sopra a uno. Solo l'aspettativa era debole, ma, naturalmente, questo ha a che fare con il tasso di successo debole ed i piccoli profitti.

Settimana 9

Figura 17: i trade di Jenny, settimana 9

								Total
Monday	-5,9	1,3	1,8	1,1	-6,7	-3,5	-7,1	⇧ 3,3
	4,5	1,5	2	6,2	3,9	1,7	2,5	
Tuesday	1,5	-6,3	-7,1	2,5	-2,5	-6,8	3,4	⇩ -33,2
	-0,2	-3,6	2,5	-2,3	-4,5	-4,3	-5,5	
Wedn.	-6,6	2,2	-2,2	5,3	1	-0,1	-6,1	⇧ 17,7
	2,8	2,9	2,1	3	2,8	1,7	1,6	
	1,2	1,5	1,9	3,9	1,3	-3,4	0,9	
Thursd.	3,2	3,1	-2,6	3,3	3,6	-5	-5	⇨ -15,8
	3,8	-5	5,4	5,5	4	3,9	-5,2	
	-5,1	-5,3	5,9	0,8	-4,1	0,9	2,1	
	2,9	-2,4	-6,4	-2,4	-5,4	4,5	6	
	-4,4	3,9	2	-3	8,4	6,9	-7,3	
	1,2	1,1	2,6	-2,5	1,3	4,3	5,7	
	-5,4	-5,2	-5,3	8,9	-5,2	4,2	4	
	-0,2	-6,5	-4,4	8,1	-5,2	-6	-5,4	
	-7,6	-6,1	2,5	-6,8	7,9	1,6	-5,2	
	-6,7	4,8	3,5	-5,9	1,1	-3	2,5	
Friday	2,5	3,6	-5,5	-2,7	-5,2	3,5	1,3	⇧ 1,3
	-5,1	7,4	-5,1	2,5	5,3	-8,4	7,2	
week 9								⇩ -26,7

Jenny era ovviamente molto motivata nella sua nona settimana e ha fatto 133 trade. Soprattutto il Giovedì è stata molto attiva, ma senza successo. Nonostante i molti trade, ha sostenuto una perdita di 26 pips.

Naturalmente, questo fa parte della curva di apprendimento di un trader, ed aiuta a capire quando non si sta operando al meglio. Non ho nulla da dire contro 60 trade in un giorno fino a quando portano a dei profitti. Questo non era chiaramente il caso di Giovedì. "Essere occupato" al momento sbagliato non porta a nulla nel trading. Ciò si riflette nel risultato naturalmente. Comunque, Jenny mi ha detto che stava lavorando Mercoledì solo con uno stop di cinque pips. "Jenny comincia a vedere la luce", ho pensato. Se ancora non funzionava con i profitti, almeno si stava costruendo una forte difesa. Ed ecco il primo elemento fondamentale in un piano di scalping: assicurarsi di perdere il meno possibile, se si perde.

Figura 18: le statistiche di Jenny, Settimana 9

trading statistics	week 9
total trades	133
win	75
loss	58
break-even	0
average win	3,09
average loss	4,79
hitrate	56,00%
payoff-ratio	0,38
expectancy	-0.37

Come possiamo vedere, gli sforzi di Jenny non erano ancora sfociati in un buon risultato. L'aspettativa era addirittura negativa in questa settimana. Questo è un punto in cui tanti operatori rinunciano. Così, nel nostro meeting di Venerdì ho dovuto fare del mio meglio per convincerla ad andare avanti. Ogni operatore attraversa questi momenti e non è così ovvio andare avanti se non si intravedono i risultati.

Settimana 10

Figura 19: i trade di Jenny, Settimana 10

								Total
Monday	-2,7	-5,6	4,4	-5,1	-5,1	-5	-5,3	
	-5,4	7,7	11,1					
	-2	2						-11
Tuesday	-5,4	1	10,9					
	-5,4	1,7	1,1	5,1				9
Wedn.	-5,5	-5,1	13,6	8,7	-5,5	-5,4	4,1	
	-5,2	-4,2	-5,2	12,1	-5,9	7,1	3,3	
	3,4	1,3	-6,5	-5,2	-4,6	-7,4	9,1	
	6,3	-5	-5,5	4,3				-7
Thursd.	1,5	6,4	-2,3	5,2	-5,9	5,6	1,5	
	-5,2	12,6	9,3	5,7	-4,4	-5,6	-10,5	
	-5,4	10,6	-5,5	-6,3	-6,9	-5,8	16,1	25
	3,8	-4,8	3,7	6,2	5,3	0,5		
Friday	4,1	2,6						6
week 10								22

Nella decima settimana, è successo qualcosa che avevo a lungo sperato. Improvvisamente, le vincite si erano finalmente ampliate. Jenny aveva ottenuto vincite multiple di più di 10 pips su quattro giorni su cinque! Il suo stop era ancora di cinque pips, ma i numeri mostravano chiaramente che qualcosa era cambiato: non chiudeva più immediatamente le operazioni al raggiungimento di uno o due pips di profitto. Naturalmente l'ho lodata per questo successo, del quale era molto soddisfatta. Nelle settimane precedenti questo cambiamento di rotta non sembrava ancora possibile, ma lei invece era riuscita ad ottenerlo! Anche se il profitto settimana di 22 pips era ancora modesto, ero sicuro che avremmo presto potuto vedere vincite di 20 pips e oltre. Questo avvenimento avrebbe prodotto una grande differenza nella carriera di Jenny, se avesse continuato a limitare i trade in perdita in modo disciplinato.

Figura 20: le statistiche di Jenny, Settimana 10

trading statistics	week 10
total trades	73
win	37
loss	36
break-even	0
average win	4,69
average loss	4,02
hitrate	50,68%
payoff-ratio	1,16
expectancy	0,33

Jenny aveva effetuato 73 trade nella settimana. Il profitto medio è stato di nuovo superiore alla perdita media, cosa che ha migliorato in modo significativo il suo rapporto di payoff. Solo l'aspettativa era un po' scarsa, ma ero sicuro che sarebbe cambiata presto. Come è avvenuto questo improvviso miglioramento? In definitiva, si trattava di una piccola misura in merito alla quale l'avevo avvisata la settimana prima. Mi aveva detto di aver posizionato lo stop in pareggio non appena la posizione era arrivata a pochi pips di profitto. Non ero a conoscenza di questo prima della nona settimana e le ho chiesto di non farlo più a partire dalla decima settimana. Il risultato di quest'azione si è riflesso immediatamente in numeri migliori. Queste cose accadono più spesso nelle curva di apprendimento. In linea di principio, il trader capisce in tempi relativamente brevi ciò che è importante. Non è necessario essere un genio della matematica per capire veramente il rapporto tra questi semplici indicatori statistici. Eppure, a volte dipende da piccoli cambiamenti nel comportamento di trading, che alla fine fanno la differenza tra profitti e perdite. Dunque ho avuto l'impressione che durante questa decima settimana lei avesse raggiunto un importante passo avanti, soprattutto perché il cambiamento coinvolgeva il suo modello di base: vale a dire, operare sempre in sicurezza. Jenny aveva iniziato a giocare per vincere.

Settimana 11

Figura 21: i trade di Jenny, Settimana 11

								Total
Monday	-5	8,5	-2	-5,2	2,1	3,6	-5	
	2,2	-5,2						-6
Tuesday	-5	2,7	2,3	-1,1	-0,4	-0	8,5	
	1,9	-5,3	2,1	5,6	-5,6	2,7		8
Wedn.	8,1	-4,3	3,6	1,9				9
Thursd.	2,7	4,5	24,5	3,9	10,2	1,7	-5,6	
	4,2	-5,1	-4,9	-5	10,3	-5		36
Friday	5,5	-5	-5,7	-6	-4,7	-5	7,1	
	-5,1	3,8	3,6					-11
week 11								36

Jenny ha fatto 49 trade nella sua undicesima settimana. Grande sorpresa! Giovedì è finalmente successo: Jenny ha chiuso un trade con un profitto di 24.5 pips! Abbiamo spesso parlato del fatto che, se fosse riuscita ad ottenere un maggiore profitto, questo avrebbe potuto fare la differenza. Quella vittoria è stata responsabile del 68% dei suoi guadagni settimanali. Non sempre le grandi vincite hanno una tale importanza. Si possono raggiungere in modo sicuro profitti di 10 o 12 pips come buoni risultati. Tuttavia, io sono del parere che un occasionale "Jackpot" aumenta considerevolmente i risultati, per non parlare della fiducia acquisita da tali trade.

Oltre a questo, Jenny aveva capito che è spesso sufficiente fare scalping per sole 2 ore al giorno. Troppo spesso aveva sperimentato che più ore non portano necessariamente a maggiori profitti, ma certamente a più commissioni per il broker. Le eccezioni esistono, soprattutto se lo scalper ha la sensazione che il mercato sia in una fase molto buona, e che magari il meglio deve ancora arrivare. In questo caso, vi consiglio anche di aumentare la taglia della posizione mentre, nei giorni deboli, io riduco la taglia della posizione o semplicemente finisco presto il mio scalping. Il controllo della dimensione della posizione è un parametro molto importante del quale però non parlerò in questa terza parte della serie "Lo Scalping è divertente!", in quanto questo argomento complicherebbe troppo il discorso.

Figura 22: le statistiche di Jenny, Settimana 11

trading statistics	week 11
total trades	49
win	26
loss	23
break-even	0
average win	5,23
average loss	3,41
hitrate	53,06%
payoff-ratio	1,53
expectancy	1,17

Vediamo le statistiche di Jenny per l'undicesima settimana; notiamo che il buon andamento della settimana è stato confermato. Ora, le cifre sono interessanti. La vincita media di 5,23 è ben al di sopra della perdita media di 3,41. Il rapporto di payoff di 1,53 ora è molto buono. Inoltre, Jenny può contare su almeno 1,17 pips per trade che è già un buon numero per uno scalper. Il tasso di successo ne ha sofferto un po', ma ero sicuro che sarebbe risalito con l'aumentare dell'esperienza. Jenny ha ottenuto questa settimana un profitto di 54,77 euro. La somma delle sue commissioni è stata di 76,32 euro. Così, il reddito settimanale netto è stato di -21,54 euro. In altre parole, Jenny si stava avvicinando a varcare la soglia di redditività. Non dimentichiamo che faceva ancora scalping solo su lotti molto piccoli sul forex. Tuttavia, sapeva bene di non dover aumentare la dimensione del lotto fino a quando non avesse ottenuto uno scalping più redditizio al netto delle commissioni.

Settimana 12

Figura 23: i trade di Jenny, settimana 12

							Total
Monday	5	4,1	6,4	-5	1,8	4	23
	7						
Tuesday	-5,1	3	-5	-5	-5,8		
	-5,7	-5,1	2,5	-5,1	6,9	8,7	
	2,5	-1,3	2,9	3,2	-5		-13
Wedn.	-5,1	4,2	-5	5,5	3,7	-3,2	0
Thursd.	4	6,6	-5,1	-4,2	7,9	1,8	
	16,1	5,2	5,5				32
Friday	5,5	4					9
week 12							51

Nella dodicesima settimana vediamo un'ulteriore conferma che Jenny è sulla buona strada per diventare una buona scalper. I suoi risultati sono ora stabili per la terza settimana consecutiva. É disciplinata e limita le perdite in modo coerente a cinque pips. Di tanto in tanto ottiene anche vincite più grandi, il che aumenta il suo risultato settimanale.

Figura 24: le statistiche di Jenny, Settimana 12

trading statistics	week 12
total trades	39
win	24
loss	15
break-even	0
average win	4,39
average loss	2,37
hitrate	61,00%
payoff-ratio	1,85
expectancy	1,78

Gli indicatori statistici hanno confermato la mia impressione positiva. Il profitto medio è ormai quasi il doppio di quello della perdita media. Attraverso uno stop temporale introdotto la settimana precedente, Jenny è stata in grado di ridurre le perdite, migliorando quindi il rapporto di Payoff. Inoltre, l'aspettativa si sta avvicinando a quasi due pips, che è un grande numero per uno scalper.

Jenny questa settimana ha guadagnato 29,80 euro al netto delle commissioni. Può non sembrare molto, ma alla fine la redditività è arrivata. Inoltre, tale redditività non è su un terreno infido, come è avvenuto nella terza settimana, quando Jenny aveva provato ad utilizzare il tasso di successo. Ora il suo guadagno proviene dal tenere le perdite al minimo e dal massimizzare le sue vincite.

3. Cosa sta facendo ora Jenny?

Ora sapete i risultati dei primi 1000 trade che ha effettuato Jenny. Queste cifre risalgono a più di un anno fa. Jenny è diventata una scalper proficua che opera con lotti standard multipli sul mercato forex e vive delle sue attività di scalping. Il suo rapporto di Payoff si è stabilizzato nel range di 1,50-1,90 e il suo tasso di successo è ancora tra il 55 e il 60%. Naturalmente, ora paga anche più commissioni ma può ottenere condizioni migliori dal suo broker, grazie agli elevati volumi del suo trading. Le avevo consigliato di farlo.

Nulla è scolpito nella pietra e tutto è negoziabile in questo mondo. I buoni clienti, come sono in effetti tutti gli scalper, possono presentarsi con fiducia e rinegoziare i termini con i broker. Questo naturalmente assume una grande importanza quando le commissioni sono a volte migliaia, come è il caso di uno scalper molto attivo. Tuttavia, si dovrebbe pesare anche qui l'importo delle commissioni in relazione alla qualità del broker. Le condizioni favorevoli sono inutili se si ottiene uno spread peggiore e quando lo slippage è dilagante. Quindi, parlate al vostro broker. Ne vale la pena.

4. Lo Scalping è un business

Spero di aver dimostrato con questo caso esemplare che lo scalping non è un espediente, ma un vero e proprio business. Questo significa che occorre superare i costi reali, come le commissioni e gli spread. Inoltre, c'è sempre lo slippage. In quanto scalper, non otterrete sempre il prezzo desiderato, anche se c'è uno stop sul mercato.

Fare Trading e Scalping è dura e solo i migliori sopravvivono. Nessuno può negarlo. Tuttavia, ho voluto mostrare con la curva di apprendimento di Jenny nei suoi primi 3 mesi che è possibile imparare questo business e che, grazie a solide fondamenta, esso può essere molto redditizio. Si sa: nel mercato azionario, non esistono limiti al rialzo. In primo luogo, ogni operatore deve destreggiarsi nei momenti duri. Coloro che hanno imparato a lavorare correttamente, hanno una buona probabilità in questo business.

Vi auguro il successo!

Trader Heikin Ashi

Altri libri di Trader Heikin Ashi

Lo Scalping è divertente!

Parte 4: Il Trading è un business fatto di flussi

I profitti di trading non sono uguali nei 20 giorni di trading di ogni mese come in un normale lavoro d'ufficio. L'esperienza dimostra che i risultati sono asimmetrici e casuali.

Ci sono giorni in cui tutto funziona come un orologio e giorni in cui il trading sembra produrre solo perdite. In questo quarto capitolo della serie "Lo Scalping è divertente!", il trader Heikin Ashi guarda a quello che è il momento giusto per fare trading.

I trader di successo sanno specificamente quando non devono fare trading. Essi si concentrano sui momenti in cui le condizioni di mercato sono ottimali per loro. In ordine di eventi, il divertimento arriva da solo, e dopo segue il successo.

Questa disciplina a "flussi" è facile da realizzare. Lo scalping veloce promuove la rapida chiusura delle posizioni in perdita e il rapido prelievo dei profitti maturati, anche di pari importanza.

Indice

1. Fare Trading Solo Quando è Divertente

2. Quando Non Fare Trading

3. Le Migliori Ore di trading per:

A. Trader nel Forex

B. Indice Trader

C. Trader Immaturi

4. Perché lo Scalping Veloce è Meglio di Alcuni Trade Molto Noti

5. La Disciplina è Più Facile nel Flusso

6. Strumenti di Avviso e Controllo

7. Siate Aggressivi Quando Vincete e State sulla Difensiva Quando Perdete

Come avviare un Business di Trading con $ 500

Molti nuovi operatori hanno poco capitale disponibile all'inizio, ma questo non rappresenta comunque un ostacolo per iniziare una carriera di trading.

Tuttavia, questo libro non parla di come far crescere un conto di 500 $ in un conto di 500.000 $. Sono proprio queste aspettative di rendimento esagerate che portano la maggior parte dei principianti al fallimento.

Invece, l'autore descrive in modo realistico, come si può diventare un trader a tempo pieno a dispetto di un capitale iniziale limitato. Questo vale sia per i trader che vogliono rimanere privati, sia per coloro che vogliono finalmente fare trading con i fondi dei clienti.

Questo libro mostra passo a passo come fare. Inoltre, è un piano d'azione concreto per ogni passaggio. Chiunque può essere un trader in linea di principio, se disposto/a ad imparare come funziona questo business.

Contenuto

1. Come Diventare un Trader con Soli $ 500 sul Conto?

2. Come Acquisire Buone Abitudini di Trading?

3. Come Diventare un Trader Disciplinato

4. La Fiaba dell'Interesse Composto

5. Come fare Trading su un conto di $ 500?

6. Trading Sociale

7. Parlate con il Vostro Broker

8. Come Diventare un Trader professionale?

9. Trading per un Hedge Fund

10. Imparare a fare gruppo

11. Diventare un Trader Professionale in Sette Passi.

12. $ 500 sono un Sacco di Soldi.

Sull'autore

Trader Heikin Ashi è lo pseudonimo di un Trader che ha più di 15 anni di esperienza nel trading giornaliero su futures e cambi. Si è specializzato in scalping e veloce day trading. Gli argomenti principali sono: Scalping, i Giorni di Trading, Swing Trading, Money e Risk Management.

Stampa

Testi: © Copyright di Trader Heikin Ashi

Swiss Post Box 106287

Zürcher Strasse 161

CH-8010 Zurigo

Svizzera

Tutti i diritti riservati.

www.ingramcontent.com/pod-product-compliance
Lightning Source LLC
Chambersburg PA
CBHW060413190526
45169CB00002B/879